DIE REIHE
Archivbilder

BAD VÖSLAU

EINE ZEITREISE IN BILDERN

Eine originelle Ansichtskarte aus Bad Vöslau aus dem Jahre 1911.

DIE REIHE
Archivbilder

BAD VÖSLAU

EINE ZEITREISE IN BILDERN

Silke Ebster und Nicole Gebhart

SUTTON VERLAG

Sutton Verlag GmbH
Hochheimer Straße 59
99094 Erfurt
www.suttonverlag.de

ISBN 978-3-89702-939-2

Druck: Books on Demand GmbH, Norderstedt, Deutschland

Ein Blick vom „Kahlen Berg“ auf „Gainfahrn“.

Inhaltsverzeichnis

Bildnachweis und Literatur

Alle abgebildeten Fotos und Ansichtskarten stammen aus dem Fotoarchiv des Stadtmuseums Bad Vöslau.

KARL CHARBUSKY: *Bad Vöslau in alten Ansichten*, Zaltbommel 1980.

Das Neue Blatt, Nr. 37, 18.8.1928.

Die großen Architekten der Ringstraßen, ihre Vorläufer und Nachfahren auf dem Lande, Ausstellungskatalog Bad Vöslau 1986.

SILKE EBSTER: *Ein treuer und dankbarer Freund Vöslaus. Mietvillen, ihre Besitzer und Gäste im Kur- und Sommerfrischeort Bad Vöslau während der fransiko-josephinischen Epoche (1852–1914)*, phil. Diss. Wien 1996.

ULLA FISCHER-WESTHAUSER: *Actien-Gesellschaft der Vöslauer Kammgarn-Fabrik. Ein Beispiel alter österreichischer Industriegeschichte*, phil. Diss. Wien 1994.

WILHELM GEIGER: *Manuskript zum Reiseführer*, 1904.

ROBERT HAININGER, MARKUS FOSCHUM, REINHARD STAUDINGER: *Historische Bilder Vöslau – Gainfarn – Großau*, Bad Vöslau 1994.

OLIVER KÜHSCHELM: *Bad Vöslau und seine Bürger 1850–1914*, Bad Vöslau 1996.

OTMAR RYCHLIK (HG.): *Gäste – Große Welt in Bad Vöslau*, Ausstellungskatalog Bad Vöslau 1994.

Werkszeitungen der Actien-Gesellschaft der Vöslauer Kammgarn-Fabrik.

Der Blick von der Großauer Höhe um 1920 vermittelt einen Eindruck der reizvollen Lage des jetzigen Stadtteiles am Rande der Gainfarner Bucht.

Einführung

„Ein treuer und dankbarer Freund Vöslaus, der in dessen stillen Frieden sein bestes geschaffen hat … seinen unvergleichlichen Quell und dessen unvergleichliche Umrahmung, seinen Kranz von Wald- und Rebenhügeln, seine würzige windfrische Luft wird Vöslau niemand rauben …" So beschrieb Theodor Gomperz 1898 den Kurort. Über viele Jahre wohnte der bekannte Altphilologe mit seiner Familie in den Sommermonaten in der „Schönen Aussicht".

Der Aufstieg Vöslaus hatte Anfang des 19. Jahrhunderts begonnen und war eng mit der Familie der Grafen Fries verbunden. Besonders Moritz II. und seine Frau Flora, geb. Pereira-Arnstein, bemühten sich sehr um den Kurort. Durch den Bau der Südbahnlinie waren Baden und Vöslau von Wien aus noch leichter zu erreichen, so war ein rascher Aufschwung in der zweiten Hälfte des 19. Jahrhunderts nicht verwunderlich. Die Einwohnerzahl verfünffachte sich zwischen 1853 und 1900. Sicherlich hatte die Kammgarnfabrik ihren Anteil an der Bevölkerungszunahme, war aber, und das ist bis heute bemerkenswert, nicht störend bei der Entwicklung als Kurort. Vöslau, Baden oder das Semmeringgebiet waren bei den Wienern begehrte Sommerfrischeorte, weil die Familie den ganzen Sommer auf dem Land genießen und sich der Familienvater durch die Nähe zu Wien am Wochenende zu ihnen gesellen konnte.

Betrachtet man heute den Ort, fällt es manchmal schwer, sich Vöslau als beliebten Kurort vorzustellen. Die Schlossmauer, die das Schloss, das alte Zentrum des Ortes, umgeben hatte, wurde durch Wohnhäuser ersetzt. Der von Ludwig Förster erbaute Bazar und der ehemalige Maierhof, die dem Schlossplatz seine unwiederbringliche Atmosphäre gaben, mussten ebenfalls Wohnhausanlagen weichen. Nur mehr einige Villen, denen man im ganzen Ort begegnet, und das ehemalige „Hotel Bellevue" am Berghang lassen die einstige Schönheit des Ortes erahnen. Die Bilder im ersten Kapitel „Spaziergang durch die Vergangenheit" sollen auf diese Weise Erinnerungen an das alte Vöslau wachrufen.

Im zweiten Teil der Zeitreise wird die Geschichte des „Vöslauer Thermalbades" dargestellt. Seit unendlichen Zeiten quillt Wasser aus der Quelle im Maital. Es ist sicher auch dem Zufall zu verdanken, dass man die heilende Wirkung der Vöslauer Thermen entdeckte. Die „gemeinen Leut" durften den „warmen Bach" Samstagabend zur „Reinigung des Körpers" benutzen. Als bei manchem „Übel und Schaden" geheilt wurden, badeten dann auch „distinguierte Personen" im Thermalwasser. Im Jahre 1816 erwarb Graf Moritz I. Fries bei einer Versteigerung das Areal im Maital, ließ den sumpfigen Teich befestigen und ein Badehaus errichten. Auf Betreiben des berühmten Wiener Arztes und Naturphilosophen Baron Malfatti wurde die Quelle 1825 neu gefasst. Moritz II. war schließlich für die Neugestaltung der Badegebäude – u.a. das von Theophil Hansen entworfene „Cassahäuschen" – verantwortlich, die in dieser Form bis 1926 bestanden. Die großteils aus Holz gebaute Badanlage wies aber nach dem Ersten Weltkrieg so viele Schäden auf, dass man sich zu einem Neubau entschloss. Am 26. Juli 1926 wurde das Thermalbad, so wie wir es heute kennen, durch Bundespräsident Michael Hainisch eröffnet.

Die „Actien-Gesellschaft" der Vöslauer Kammgarn-Fabrik – ihr widmen wir das dritte Kapitel – war über Jahrzehnte einer der wichtigsten Arbeitgeber der Region. Am 17. April 1833 wurde ein Gesellschaftsvertrag zur Gründung einer Kammgarnspinnerei geschlossen. Johann

Heinrich Freiherr von Geymüller-Falkner war Eigentümer der Gesellschaft und von 1828 bis 1837 Besitzer der Herrschaft Vöslau. Innerhalb weniger Monate waren die ersten Betriebsgebäude fertig gestellt. Im Jahre 1839 arbeiteten bereits 700 Frauen und Männer in der Vöslauer Fabrik und erzeugten alle in der Monarchie geläufigen Kammgarnsorten aus rein inländischen Rohstoffen. Die Fabrik wurde ständig vergrößert und durch neue Gebäude erweitert. Nach dem Ersten Weltkrieg kam es kurzeitig zu einem Aufschwung, bevor die Weltwirtschaftskrise auch die Kammgarnfabrik erfasste. Nach dem Ende des Zweiten Weltkriegs besetzten russische Soldaten am 3. April 1945 die Fabrik. Fünf Tage später jedoch begann das Werk wieder mit 500 Beschäftigten zu produzieren. Den höchsten Mitarbeiterstand erreichte die Kammgarnfabrik in den 1950er-Jahren mit rund 4.000 Frauen und Männern. Da es auch heute noch Vereine gibt, deren Gründung mit der „Kammgarn“ in Verbindung steht, war es uns wichtig, nicht nur den Industriebetrieb, sondern auch einen Teil der sozialen Einrichtungen durch Fotos zu dokumentieren.

Der letzte Abschnitt trägt den Titel „Socialer Verkehr“ und stellt das gesellschaftliche Leben in Vöslau durch Personen, Vereine und Veranstaltungen dar. Dabei zeigt sich ein vielfältiges Bild von oft kurios anmuteten Porträtaufnahmen bis zu Fotos von feierlichen Anlässen mit prominenten Besuchern.

Die Fotosammlung des Stadtmuseums Bad Vöslau enthält zum Teil kostbare und einmalige Zeitdokumente. Ein Grund für uns, sie durch dieses Buch der breiteren Öffentlichkeit zugänglich zu machen. Mit „Bad Vöslau. Eine Zeitreise in Bildern“ in der „Reihe Archivbilder“ präsentieren wir überwiegend Aufnahmen, die bisher noch nicht veröffentlicht worden sind, bzw. im längst vergriffen Bildband „Bad Vöslau in alten Ansichten“ (1980) vorkommen. So laden 222 Fotos zum Erinnern, Neu- und Wiederentdecken ein.

An dieser Stelle wollen wir uns beim Sutton Verlag für sein Interesse an unserem Museum und Archiv bedanken. Ebenso gilt unser Dank der Stadtgemeinde Bad Vöslau, die das Projekt wohlwollend unterstützt hat. Gleichermaßen möchten wir uns ganz herzlich bei den Museumsmitarbeiterinnen Frau Annemarie Reithmayr, Frau Anni Richter und Frau Doris Zierler für ihre Mithilfe bedanken. Zum Schluss ein „Dankeschön“ an das Rollettmuseum in Baden für seine unbürokratische Hilfe.

Wir wünschen allen LeserInnen viel Freude an der „Zeitreise in Bildern“ durch Bad Vöslau.

Silke Ebster und Nicole Gebhart

1

Spaziergang durch die Vergangenheit

Dieser Gruß aus Vöslau aus dem Jahre 1901 zeigt die Ostseite des Schlosses. Im Hintergrund sieht man die Kirche.

Eine Detailaufnahme der Ostseite des Schlosses mit Wintergarten und Balkon. Heute befindet sich an dieser Stelle die Terrasse des „Rathaus-Stüberls".

Eine Innenansicht des Schlosses zu Zeiten des Besitzers Baron Moritz von Gutmann. Das Bild zeigt den ehemaligen „Kleinen Salon", heute wird der Raum als Trauungssaal genutzt.

So sah das Schloss 1955 nach dem Abzug der russischen Besatzung von außen aus …

… und so präsentierten sich die Innenräume.

Ein Markttag im Jahre 1908 vor dem ehemaligen Maierhof mit Blick in die Hochstraße. „Ein Witzkopf nannte sie ‚Vöslauer Mariahilferstraße‘, weil hier Geschäft an Geschäft, Laden an Laden sich reiht.“ (Aus dem Manuskript zu Wilhelm Geigers Führer von 1904)

Der Bazar mit mehreren Verkaufslokalen, 1853 von Bauherr Moritz II. Graf Fries in Auftrag gegeben und von Ludwig Förster ausgeführt, wurde als Rohziegelbau im maurisch-byzantinischen Stil errichtet. Über hundert Jahre prägte der imposante Bau den Schlossplatz, 1964 musste er aber Wohnbauten weichen. Eine einzige Säule – sie steht heute vor dem Stadtmuseum Bad Vöslau – blieb nach dem Abbruch übrig.

Der Bazar kurz vor seinem Abriss. Im Hintergrund sieht man schon einen Teil der neuen Wohnhausanlagen in der Wiener-Neustädter-Straße, die so genannten „Prinkebauten“.

Ein Blick von der Bahnstraße zum Schlossplatz. An der Stelle der Schlossmauer links im Bild befindet sich heute das Schneckenreservat. Hinter der Mauer lag das ehemalige „Schloßgartl“, in dem die Hauer abwechselnd ihren Wein ausschenkten.

Diese am 3. Juli 1905 geschriebene Karte zeigt das alte Bad Vöslau. Deutlich zu erkennen sind der Bazar, das „Hotel Zwierschütz“ und die Pfarrkirche.

Eine seltene Ansicht der Wiener-Neustädter-Straße. Rechts sieht man eine Kastanienbaumallee entlang der Schlossmauer, links den im Jahre 1998 abgerissenen „Tremelhof“.

Im Jahre 1894 begann der Bau einer Straßenbahnlinie von Baden über Sooß nach Vöslau. Im Mai 1895 fand die erste Fahrt statt. Bis ins Jahr 1951 verband sie die Kurstädte, dann löste sie der Autobus ab. In Vöslau gab es die Stationen Goldeck und die Endstation – wie auf diesem Bild zu sehen – beim „Hotel Stefanie".

Eine nicht so bekannte Ansicht des Kurortes. Im Vordergrund befindet sich die Rudolf-Reiter-Straße mit einigen imposanten Villen.

Im Jahre 1860 wurde mit dem Bau der Vöslauer Stadtpfarrkirche nach den Plänen des Architekten Franz Sitte im Stil des Historismus begonnen. Sie ist dem heiligen Jakobus geweiht und wurde größtenteils von Moritz II. Graf Fries finanziert. Im Stiftungsbrief wurde festgeschrieben, dass in der Krypta nur die Mitglieder der Grafenfamilie beigesetzt werden dürfen.

Im Zuge der Gründung der Kammgarnfabrik zogen protestantische Facharbeiter aus Deutschland nach Vöslau. Im Jahre 1876 wurde die erste evangelische Kirche in der Raulestraße erbaut. 1964 wurde sie wieder abgerissen und durch die heutige Kirche ersetzt.

In den Jahren 1852 bis 1893 war in diesem Haus die erste Schule Vöslaus untergebracht. 1894 zog das Gemeindeamt Vöslau vom „Hotel Communal“ in der Hochstraße in dieses Gebäude um. Seit 1971 befinden sich hier das Stadtmuseum und das Stadtarchiv.

Gesellige Runde beim „Heurigen Freytag“, dem Nachbargebäude des alten Rathauses. Heute gehören beide Häuser zusammen und beherbergen sowohl das Stadtmuseum als auch die Stadtbibliothek.

Stefan Rumpel betrieb in der Hochstraße/Ecke Petzgasse, an der ehemaligen Grenze zur Gemeinde Gainfarn, neben einem schwunghaften Weinhandel auch einen Gemischtwarenladen und das spätere „Café Zentral". Die Ansicht zeigt das Geschäft im Jahre 1913 mit dem Eingang zum Kaffeehaus beim Schild „Tabak-Trafik".

Der Gastgarten des Kaffeehauses von Stefan Rumpel um 1910.

Die Apotheke in der Hochstraße wurde 1867 von Guido Herrmann, dem bedeutendsten Bürgermeister Vöslaus vor 1900, gegründet. Sie „erfreut sich beim Kurpublikum besonderer Beliebtheit; dieselbe empfiehlt ihr reichhaltiges Lager an in- und ausländischen pharmazeutischen Spezialitäten, frischen Mineralwässern und Quellprodukten …“ (Aus dem Manuskript zu Wilhelm Geigers Führer von 1904)

Die Herrmanngasse – benannt nach Guido Herrmann – vor der Straßenregulierung im Jahre 1950. In dem Geschäftslokal befindet sich heute eine Videothek.

Im Jahre 1891 entstand dieses Bild zum 25-jährigen Jubiläum des „A. Poschinger's Rasir und Frisir Salons". Heute steht an der Ecke Herrmanngasse und Johann-Strauß-Straße ein Gemeindewohnbau. Links im Bild Herr Poschinger mit seinem Neffen, der das Geschäft nach 1900 bis etwa 1920 weiterführte. Die geschmückte Tafel hält der Lehrjunge Nechyba, der sich später im „Zwierschützhaus" in der Hochstraße selbstständig machte.

Die Weinhandlung Johann Faseth in der Hochstraße, heute die Konditorei „Sisi“ und „Fußpflege“.

Die „Mehlbrod-Niederlage“ des Leopold Kaferböck in der Hochstraße. Heute befindet sich darin die Bäckerei Kirchberger, ehemals Linsbichler. Bis in die Zwischenkriegszeit wurde dieses Gebäude „Binderhaus“ genannt.

Im Jahre 1883 kauften Michael Zwierschütz und seine Frau Anna den „Michaelerhof" in der Hochstraße und verpachteten die Geschäftslokale. Heute beherbergt der „Michaelerhof" u.a. eine Filiale der Firma Palmers und einen Friseur.

In unmittelbarer Nachbarschaft der Kammgarnfabrik befand sich das Gasthaus von Moriz Zwierschütz, dem Sohn des ersten Bürgermeisters von Vöslau. Es wurde von Franz Sebestik, rechts im Bild mit seinen beiden Söhnen, zunächst gepachtet und im Jahre 1927 schließlich käuflich erworben.

Die „Erste Steirische Molkerei“ befand sich im Haus Wiener-Neustädter-Straße 2.

Der Kurpark war Anziehungspunkt für die Sommergäste. Links sieht man die Terrasse des Kursalons, im Hintergrund den Musikpavillon.

In den Jahren 1862 bis 1871 stand das Sommertheater unter der Leitung von Johann Edler von Radler. Das Bild zeigt die Sommerarena im Jahre 1911. An ihrer Stelle befindet sich heute das Kaiser-Franz-Josefs-Denkmal im Kurpark.

Einer Legende zufolge soll eine fromme Magd einen am Beginn des Gradentales stehenden Bildbaum oft mit Blumen geschmückt haben. 1868 betrieb Franz Löhrl an dieser Stelle eine Ausschank. Im Jahre 1897 errichtete Josef Gurtner das Gasthaus „Zur Waldandacht".

Zum 50. Regierungsjubiläum Kaiser Franz Josephs I. im Jahre 1898 ließ die Gemeinde Vöslau durch den Baumeister Anton Kainrath die 21 Meter hohe Jubiläumswarte errichten.

Leopoldine, die Witwe von Blasius Hallmayer, mit ihrem zweiten Mann August Herbster. Sie waren von 1885 bis 1895 Besitzer der beiden Hotels „Hallmayer“ und „Schweizerhof“.

Das 1870 von Blasius Hallmayer errichtete gleichnamige Hotel stand bis zu seinem Abbruch in Jahre 1966 auf dem Schubertplatz, dem ehemaligen Moritzplatz. Der Bau musste dem heutigen ÖBB-Schulungsheim weichen.

Das Personal des „Hotels Hallmayer" im Juli 1906.

Das „Hotel Schweizerhof" galt als Dependance des „Hotels Hallmayer", „das von seinen Besitzern in mustergiltiger Weise geführt wird und in allen seinen Einrichtungen, sei es in Bezug auf Comfort oder Hygiene, modernsten Ansprüchen Rechnung trägt." Es wurde ebenfalls 1966 abgerissen.

„Rühmlichst bekannt ist die Küche des Hotels und der große, elegante Speisesaal versammelt stets das distinguierte Curpublicum." Während des Ersten Weltkriegs war der General-Quartiermeisterstab in Vöslau einquartiert, der Speisesaal des „Schweizerhofes" diente als Offiziersmesse.

Anna Zwierschütz (1841–1921), eine geborene Nitsch, war die Ehefrau von Michael Zwierschütz jun.

Ursprünglich herrschaftliche Taverne, wurde das „Gasthaus Jägerhorn“ unter Bürgermeister Michael Zwierschütz sen. zu einem Hotel mit bürgerlichen Preisen ausgebaut. Zu den illustren Gästen zählte 1852 Karl Ritter von Ghega, der Erbauer der Semmeringbahn.

Direkt neben dem Thermalbad liegt das im Jahre 1895 erbaute „Hotel Stefanie". Das Grundstück war vermutlich seit 1883 im Besitz des Ehepaares Josef und Theresia Witzmann. Vor Errichtung des Hotels befanden sich hier die Fassbinderei des Anton Silhavy und ein Holzlager.

1850 kaufte der Wiener Uhrmacher Andreas Banyai das Haus von Michael Zwierschütz und ließ es zu einer Biedermeiervilla umbauen. Das Bild zeigt die Villa „Zur Schönen Aussicht" im Jahre 1930. Die berühmte Tänzerin Fanny Elßler verbrachte bis 1883 zahlreiche Sommer hier. Der neunjährige Hugo v. Hoffmansthal war mit seinen Eltern 1883 ebenso zu Gast wie der bedeutende Altphilologe Theodor Gomperz in den Jahren 1890 bis 1911.

Die „Villa Belvedere" – später Kuranstalt Neydharting – in der Florastraße wurde 1992 abgerissen. Heute steht auf dem Areal die Seniorenresidenz.

Die „Rosenvilla" in der Florastraße wurde als Mietvilla für Sommerwohnungen erbaut und beherbergte u.a. die Tänzer Louis Ruault-Frappart und Johanna Telle sowie die Töchter des Malers Josef Kriehuber.

Die „Marienvilla“ wurde 1845 erbaut und 1847 durch Graf Alexander Mottet erworben. Über den Weingroßhändler August Schneider gelangte das Haus in den Besitz der Familie Schlumberger von Goldeck.

Das „Blaue Zimmer“ in der „Marienvilla“ um 1930.

Die Fotografie zeigt den 1852 erbauten „Florahof" vor seinem Ausbau um die Jahrhundertwende. Das als Pension geführte Haus war u.a. im Besitz von Jakob Minor sen., dem Vater des bedeutenden Literaturhistorikers Jakob Minor jun.

Im Jahre 1880 kauften die Brüder Mandl die „Villa Rademacher". Ludwig Mandl war der Besitzer der Hirtenberger Patronenfabrik und Onkel von Arthur Schnitzler, der des Öfteren Gast in dem nunmehr „Villa Mandl" benannten Haus war. Heute befindet sich auf dem Areal die Seniorenresidenz.

Als Aushängeschild der Vöslauer Hotellerie galt das „Hotel Back“, später „Grand Hotel Bellevue“, dessen imposanter Bau noch heute den Ort beherrscht. Hier wohnten die Komponisten Karl Millöcker und Oscar Straus, der Schriftsteller Peter Altenberg, die Nobelpreisträger Bertha von Suttner und Julius Wagner von Jauregg sowie der Architekt Adolf Loos.

Im „Hotel Communal“ an der Hochstraße war in den Jahren 1849 bis 1893 das erste Gemeindeamt Vöslaus untergebracht. Das Hotel war bekannt für sein israelitisches Speiserestaurant.

Im Jahre 1861 erbaute der k.k. Feldmarschallleutnant Karl Freiherr Schlitter von Niedernberg die „Villa Schlitter". 1901 kaufte der Fabrikant Josef Salzer das Anwesen. Auf dem Bild sieht man seine Töchter Bertha und Adelheid. Heute gehört die Villa der Familie des bereits verstorbenen Vöslauer Bildhauers Mathias Hietz.

Die 1870 erbaute „Villa Kunewalder", später „Villa Stransky", war eine der wenigen Villenbauten Otto Wagners. Zu den Gästen des kunstsinnigen Industriellen Dr. Sigmund Stransky zählten die Opernsängerin Lotte Lehmann und der Komponist Richard Strauss.

„Ich liebe Vöslau seit zwanzig Jahren … " schrieb der k.k. Hofopernsänger Gustav Walter, Besitzer des 1868 erbauten „Hanselhofes" am Schubertplatz, im Jahre 1904. Walter war der erste Tristan in „Tristan und Isolde" und der Erik im „Fliegenden Holländer" der Wiener Oper. Auch der jetzige Besitzer ist ein Opernsänger.

Die Kinderbewahranstalt wurde von Moritz II. Graf Fries erbaut und von der „Congregation der Schulschwestern vom dritten Orden des heiligen Franciscus in Wien" geführt. Heute befindet sich in dem Haus in der Bahnstraße eine Arztordination.

Auch heute noch wird der „Vöslauer Hof" in der Bahnstraße als Hotel geführt.

In der 1843 erbauten „Schweizer Villa" – von Moritz II. Graf Fries in Auftrag gegeben – verwirklichte der Architekt Karl Etzel seine Idee vom Landhaus. Sie wurde in den Sommermonaten an vermögende Gäste vermietet. Ab 1877 war die „Schweizer Villa" eine Dependance des „Vöslauer Hofes".

Die Vorderansicht des Schlosses Gainfarn von Süden her. Nachdem Merkenstein 1683 durch die Türken zerstört worden war, wurde die Verwaltung der Herrschaft – damals in Besitz der Familie Dietrichstein – in das Schloss Gainfarn verlegt. 1777 wurde es erneuert und 1816 erweitert. Heute beherbergt das Schloss die Vöslauer Musikschule.

Eine seltene Ansicht der Rückseite des Schlosses Gainfarn aus dem Jahre 1889.

Die Gainfarner Schlossmauer mit einem Mandelbaum im Jahre 1895, vor dem Neubau.

Der Neubau der Straße und der Gainfarner Schlossmauer 1920. Im Hintergrund erkennt man das ehemalige Rathaus und die Kirche.

Die Hauptstraße in Gainfarn. Auf der Aufnahme aus dem Jahre 1917 sieht man rechts noch den zur Kaltwasserheilanstalt gehörenden Turm, der jedoch heute nicht mehr existiert.

Der im Jahre 1898 geschickte „Gruss aus Vöslau-Gainfarn" zeigt zum einen eine Gesamtansicht und zum anderen das Hotel Grabner – „Zur Traube".

Im Jahre 1931 war eine Wiener Gesellschaft zu Besuch beim Heurigen Johann Seitz in der Brunngasse.

Das Gasthaus Janisch „Zur Steinplatte“, später „Gasthaus Bartmann“, um 1890.

Die vom polnischen Adeligen Alfred Ritter von Golaszewsky gegründete und vom Vöslauer Badearzt Dr. Sigmund Friedmann geleitete Kaltwasserheilanstalt war von 1857 bis 1932 in Betrieb.

1879 kaufte Friedmann das „Etablissement Hydrotherapique". Die Kaltwasserheilanstalt bestand zu ihrer besten Zeit aus Wirtschafts- und Küchengebäuden, einem Maschinenhaus mit Dampfkessel, Zimmern und Kabinetten für Kurgäste, Badekabinen, einem Kabinett für elektrische Kuren, Ordinationsräumen, Wasserbassins, einem Speisesaal, sechs Salons, Lesesalons, einem Tanzsaal, einem Spiel- und einem Raucherzimmer.

Die drei Ansichten von Großau zeigen die Kirche – noch mit spitzem Turm – das Geschäft Lengauer und das Schloss, das später als Forsthaus genutzt wurde.

Großau in den Zwanzigerjahren. Die Karte zeigt die Berndorferstraße bei der Einmündung in die St.-Veiter-Straße.

Ein Blick von der Anton-Krenn-Straße zur Großauer Kirche.

Die Volksschule – in den Jahren 1851 bis 1967 in Betrieb – und die Pestsäule in Großau um 1960.

Der bedeutende Architekt des Jugendstiles Friedrich Ohmann (1859–1927) war der Erbauer des Kaiserin-Elisabeth-Denkmales im Wiener Volksgarten. Hier sieht man ihn um 1920 vor seinem Haus in Großau.

Durch einen Kuraufenthalt in der Gainfarner Kaltwasserheilanstalt auf Großau aufmerksam geworden, kaufte Ohmann im Jahre 1911 ein Bauernhaus und baute es um.

Eine Innenansicht der „Ohmannvilla“.

Die Burg Merkenstein sollte das deutsche Siedlungsgebiet gegen Osten schützen. Vermutlich schon im 11. Jahrhundert erbaut, wurde sie im Jahre 1683 von den Türken zerstört.

Neben dem Eisentor am Eingang in den Park des Merkensteiner Schlosses standen zwei Wirtschaftsgebäude. Im linken befand sich ein Wirtshaus, das rechte brannte während des Ersten Weltkriegs ab.

Im Jahre 1843 wurde das Schloss im Stile der englischen Tudorgotik im Auftrag von Graf Bellinghausen durch die Architekten Romano und Schwendenwein erbaut. Nach dem Zweiten Weltkrieg fast zur Ruine geworden, wurde das Schloss vor einigen Jahren privat erworben und originalgetreu renoviert.

Im Jahre 1889 bezog das junge Ehepaar Joachim und Maja von Brenner-Felsach das Schloss Merkenstein. In der Bildmitte sieht man Maja und den durch seine Forschungsreisen bekannten Völkerkundler Baron Brenner. Links neben ihr sitzt ihr Vater Graf Gallenberg, der Sohn von Giulietta Guicciardi, die als Widmungsempfängerin von Beethovens „Mondscheinsonate“ in die Musikgeschichte eingegangen ist.

2

Das Vöslauer Thermalbad

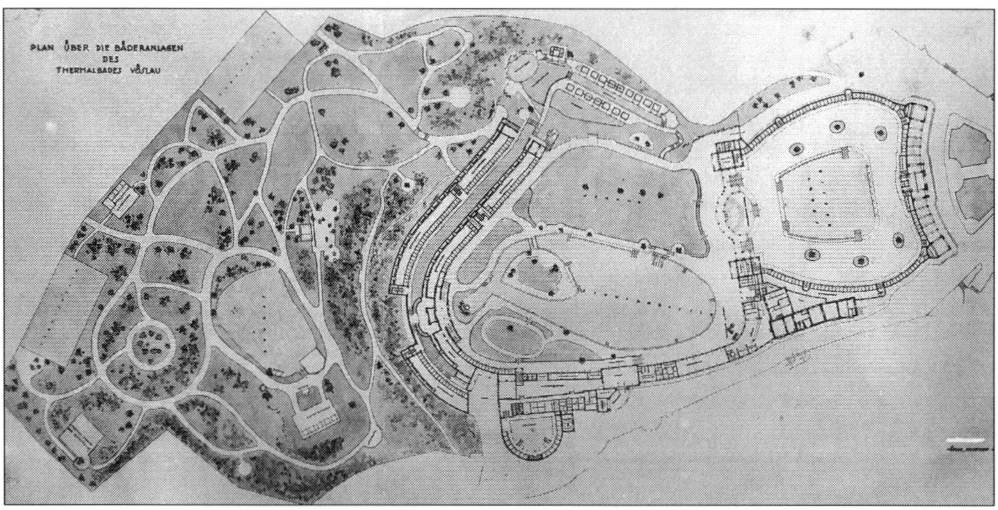

„Plan über die Bäderanlagen des Thermalbades Vöslau“ nach dem Umbau des „Oberen Teiches“ und der Warmbäder im Maital, 1927. Die Vöslauer Badeanlage umfasst eine Fläche von ca. 45.000 Quadratmeter. Sie gliedert sich in den oberen und unteren Teich und in das Vollbad, das heutige Saunabecken. Die Becken werden täglich von der Ursprungs- und der Vollbadquelle gespeist.

Im Mai 1816 erwarb Moritz I. Graf Fries bei einer Versteigerung den „warmen Bach", der eine Mühle betrieben hatte. Durch hunderte Fuhren Schotter, die er im sumpfigen Teich versenkte, befestigte er den Boden und so entstand der erste Badeteich. Die mit 1844 datierte Zeichnung von Sophie von Schlumberger, der Ehefrau von Robert von Schlumberger, ist die älteste Abbildung.

Dieses Bild zeigt das Vöslauer Bad um 1850, bevor es ein paar Jahre später durch einen umfangreichen Ausbau umgestaltet wurde.

Es herrschte oft reger Badebetrieb bei der Ursprungsquelle. Durch die Veröffentlichung medizinischer und geologischer Gutachten in verschiedenen Reiseführern, Prospekten und Zeitungsannoncen warb man für die positive Wirkung des Quellwassers bei verschiedenen Krankheiten. So konnten in Vöslau etwa „mit gutem Erfolge Nervenleiden der verschiedensten Arten, Ischias, Herzschwäche, Frauenkrankheiten, Sterilität, Neigung zur Frühgeburt usw.“ behandelt werden.

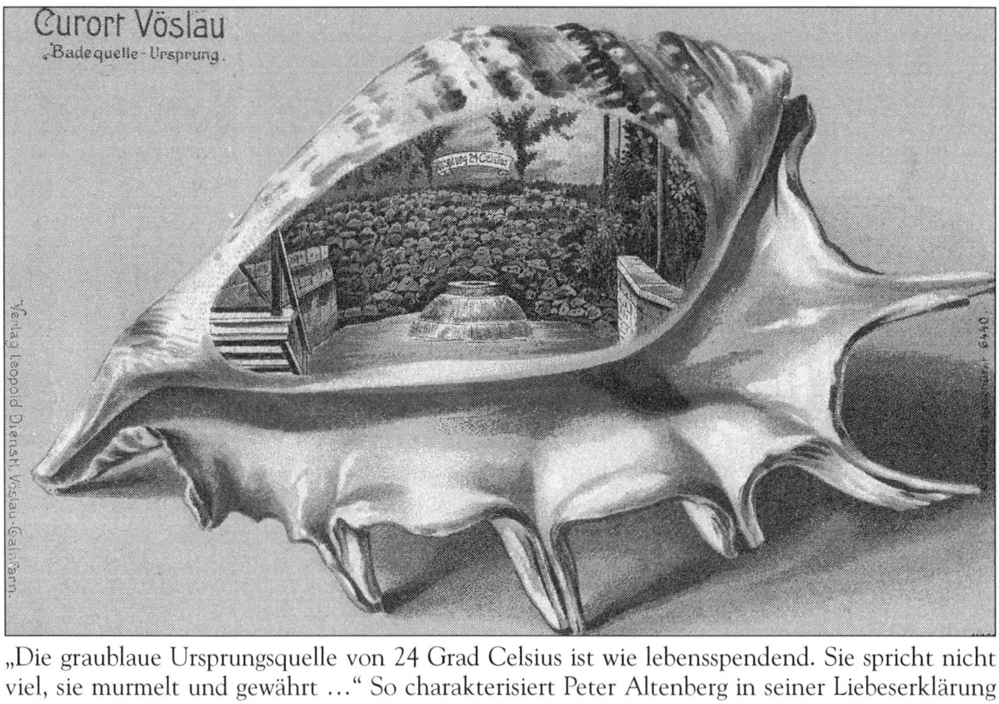

„Die graublaue Ursprungsquelle von 24 Grad Celsius ist wie lebensspendend. Sie spricht nicht viel, sie murmelt und gewährt …“ So charakterisiert Peter Altenberg in seiner Liebeserklärung an Vöslau die Quelle. Diese originelle Karte stammt aus dem Jahre 1911.

Der Eingang zum „Unteren Badeteich" vor dem Bau des neuen Thermalbades im Jahre 1926. Im Hintergrund sieht man das „Hotel Bellevue".

Vor dem Umbau des „Oberen Teiches" 1928 befand sich neben dessen Eingang auch der Eingang zu den Voll- und Wannenbädern.

Im Maital lag der vom bekannten Wiener Ringstraßenarchitekten Theophil Hansen entworfene Eingang zum „Oberen Teich". Das Bild mit dem „Cassahäuschen" und den Kolonnaden zeigt den Zustand zwischen 1873 und 1928.

„Außer den täglichen Konzerten im Kurpark spielt von 11 bis 12 Uhr die Musik in einem Pavillon bei den Bädern, um welche Zeit sich dort stets ein reger Korso entwickelt", wie diese Bild aus dem Jahre 1908 beweist.

Der Badebetrieb im „Unteren Teich“ vor dem Umbau im Jahre 1926.

Arthur Schnitzler, der in den Sommermonaten oftmals seinen Onkel Ludwig Mandl in Vöslau besuchte, erinnerte sich später in seiner Autobiographie „Jugend in Wien“ an das Thermalbad „in dessen lauen Quellenbädern ich schwimmen lernte“. Vielleicht in diesem Kinderbecken?

Im Jahre 1843 ließ Graf Fries die „Douchebäder“, Vorgänger der heutigen „Schwedenduschen“, errichten. Sie waren bei den Badegästen sehr beliebt, denn man schrieb ihnen im 19. Jahrhundert Wunderdinge zu. Bezeichnend ist folgende Beschreibung: „... unmittelbar nach Anwendung des Sturzbades wird der Geist heiter, klar und zur Thätigkeit gestimmt; die Sinne sind schärfer, man fühlt sich kraftvoll, leicht und gelenkig, daher zur Muskelbewegung geneigt: die Eßlust erwacht ...“ Das Bild zeigt die „Douchen“ beim „Unteren Teich“.

Eine Teilansicht des großen „Oberen Schwimmteiches“ vor 1928.

„Die Lindenblüten rochen wunderbar, und das sonnengedörrte Holz der Kabinen und die Wäsche der triefenden Schwimmanzüge ...“, erinnerte sich Peter Altenberg 1911 an Kindheitserlebnisse. Die Fotografie zeigt den „Oberen Teich“ mit Umkleidekabinen vor 1928.

Das obere Becken mit der noch heute bestehenden „Insel“ im Vordergrund.

Damals gab es zwei „Douchanlagen“, eine beim „Unteren Teich“ und eine – wie auf diesem Bild aus dem Jahre 1908 zu sehen – beim „großen Schwimmteich“.

Das Vollbad wurde wegen seiner runden Form im Volksmund seit jeher „Gugelhupf“ genannt. Darin durften lange Zeit nur Damen baden. In dem von eigenen Quellen gespeisten Vollbad, dem heutigen Wasserbecken der Sauna, konnte man auch im Winter im Freien baden. Die hölzernen Aufbauten wurden bei der Errichtung der Kuranstalt Anfang der 1970er-Jahre abgerissen.

Diese Dame soll Vorbild für das Titelblatt einer Werbebroschüre für das Vöslauer Thermalbad, die anlässlich der Eröffnung des neuen Bades 1926 in deutscher und ungarischer Sprache herausgegeben wurde, gewesen sein.

Umbauarbeiten im Vollbad in den Jahren 1925/26.

Der Neubau der „Schwedenduschen“ in den Jahren 1925/26.

Das großteils aus Holz gebaute Bad wies nach dem Ersten Weltkrieg so viele Schäden auf, dass man sich nach vielen Verhandlungen 1925 unter Bürgermeister Rudolf Frimmel einstimmig dazu entschloss, den Neubau der Anlage auszuschreiben. Der Architekt des Wiener Dianabades, Peter Paul Brang, sollte das Vorhaben verwirklichen, verstarb jedoch vor Baubeginn. Wilhelm Lukesch, der Erbauer des Badener Herzoghofs, übernahm. Das Bild zeigt den Badplatz während der Umbauarbeiten 1925/26.

Der Neubau des „Unteren Teiches“. Die Kabinen sind schon fertig. Im Hintergrund sieht man das „Hotel Stefanie“.

Am 20. Juni 1926 eröffnete Bundespräsident Michael Hainisch das neue Vöslauer Thermalbad. Er wurde vor dem Bad von Bürgermeister Rudolf Frimmel, Badens Bürgermeister Josef Kollmann, Bäderdirektor Josef Podhorecky und einem Blumenmädchen begrüßt.

Bundespräsident Michael Hainisch unternahm einen Rundgang um den noch nicht neu gebauten „Oberen Teich".

Die Ehrengäste beobachten vom Balkon aus einen Schwimmwettkampf.

Zum Rahmenprogramm der Baderöffnung im Jahre 1926 gehörte auch eine Tanzveranstaltung.

Eine Luftbildaufnahme des Vöslauer Thermalbades, aufgenommen um 1950.

Der Badplatz als „Parkplatz" in den Dreißigerjahren.

Der „Bäderbus" von Wien zum „Park-Strandbad Vöslau". Die Haltestelle lag damals direkt vor dem Eingang.

Badebetrieb im Jahre 1926 in dem noch ganz neuen Thermalbad.

Ein Blick vom „Unteren Teich“ in Richtung „Schwedenduschen“.

Eine Postkarte aus den Dreißigerjahren mit Blick in Richtung „Schwedenduschen“.

Reger Betrieb herrschte bei den „Schwedenduschen“.

Die Ursprungsquelle nach dem Umbau des „großen Teiches". 1926 wurde im Badener Helenental innerhalb von neun Monaten das Strandbad angelegt. Das bewirkte, dass der Vöslauer Architekt Dr. Louis Breyer vom Gemeinderat damit beauftragt wurde, den oberen Teil des Vöslauer Bades, der vom Neubau 1925 bis 1926 zunächst unberührt blieb, ebenfalls als „Thermal-Parkstrandbad" umfangreicher auszuführen und den Marienpark mit einzubeziehen.

Der Blick vom Quellenbereich in Richtung Kinderbecken. Damals gab es statt der Liegewiese einen Sandstrand mit Strandkörben. Auch die Kabanen – kleine Einzimmerwohnungen –, so wie wir sie heute kennen, bestanden noch nicht.

Der „große Teich“ – von den Vöslauern „grünes Becken“ genannt – nach seinem vom Architekten Luis Breyer geplanten Um- und Neubau. Der Sandstrand befand sich nicht nur auf

der heutigen Liegewiese, sondern auch im Restaurationsbereich. Drei Rutschen erfreuten am „Oberen Teich" vor allem das jugendliche Publikum.

Später wurden die zwei äußeren Rutschen entfernt.

Zu Beginn der Sechzigerjahre wurde die Rutsche auf die „Insel“ im „Oberen Teich“ verlegt und um 1970 gänzlich abgetragen.

Blick auf das Kinderbecken mit großem Sandspielplatz. Im Hintergrund sieht man eine Kabane, die heutige Toilettenanlage.

Die Kabanenanlage bestand ursprünglich aus zehn kleinen Holzhäusern und hatte einen eigenen Sandstrand. Heute befinden sich an dieser Stelle der Spielplatz und eine Liegewiese.

Eine Zeit lang war die große Liegewiese beim oberen Becken ein „Sandstrand“ wie im Konkurrenzbad Baden. Hier ein Blick von den Holzkabanen in Richtung Pergola und Restaurant.

Ein Blick auf das Restaurant beim „Oberen Teich“.

In der Küche des Badrestaurants hatte sich das Personal für den Fotografen in Positur gestellt.

Ein Blick in das Depot für Leihwäsche.

Gleich neben dem Restaurant befand sich früher der Damen- und Herrenfrisiersalon Rudolf Schiff.

Die Verkaufstheke im Damen- und Herrenfrisiersalon im Thermalbad.

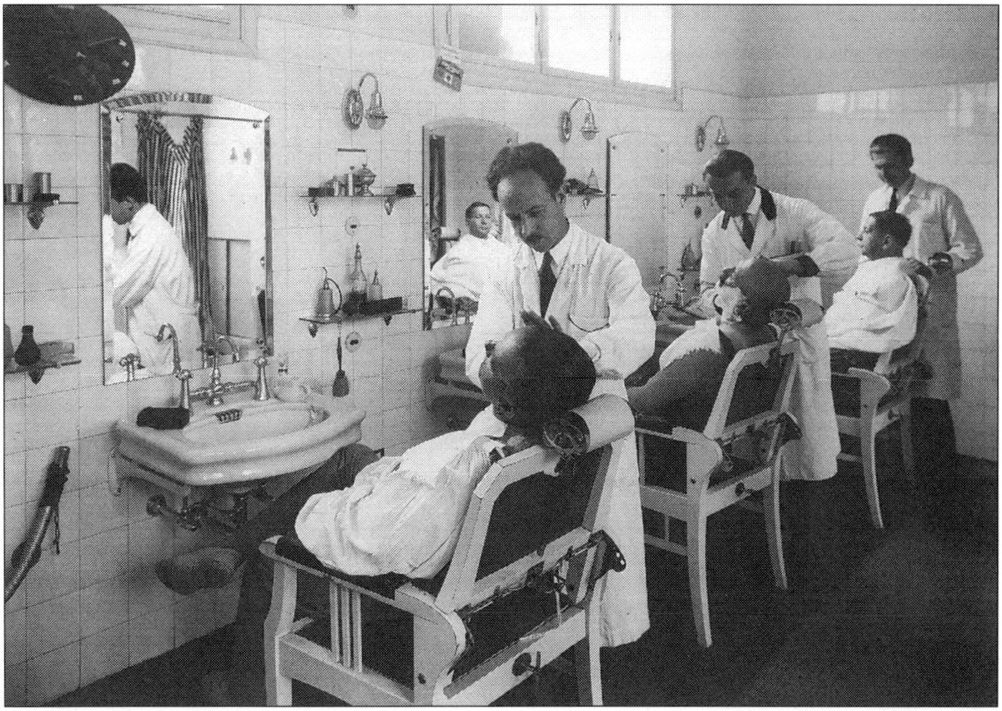

Die Inneneinrichtung des Frisiersalons Schiff.

Die Kabinen im Frisiersalon im Thermalbad.

Die Abfüllanlage des „Vöslauer Mineralwassers“ befand sich damals noch im Maital 2.

In der Abfüllanlage wurde außerdem noch Sodawasser erzeugt.

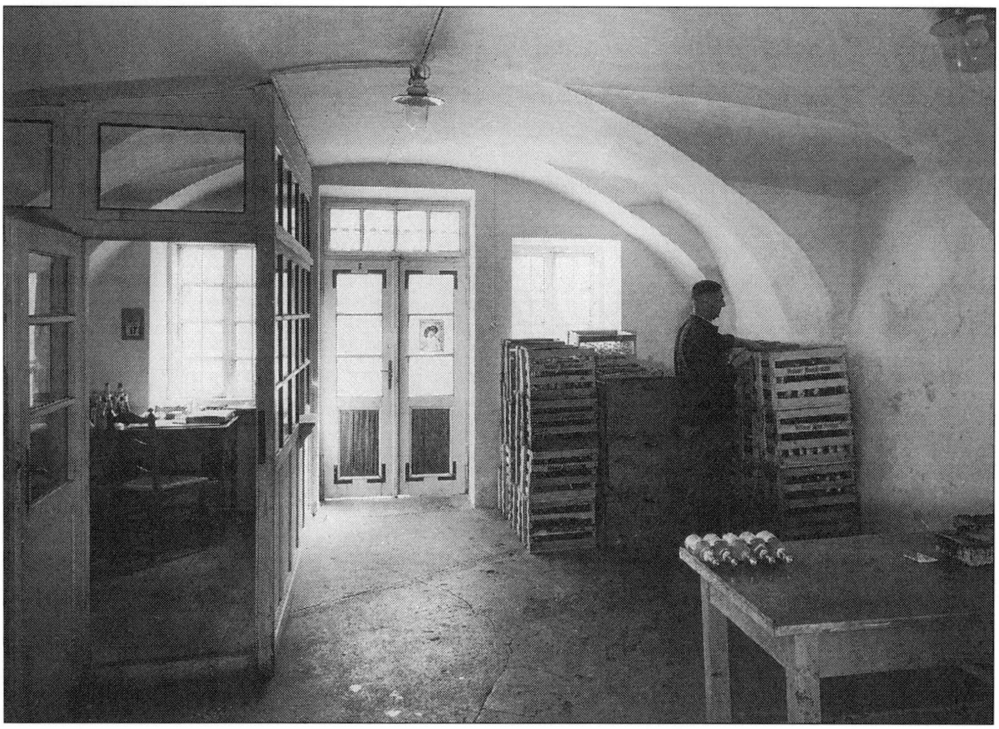

Das Wasser wurde seinerzeit noch von Hand abgefüllt und verpackt.

Eine Ansicht der früheren Wartehalle der Medizinal- und Wannenbäder des Thermalbades. Den Kurgästen standen zahlreiche Therapieanwendungen zur Verfügung, wie z.B. Wannenbäder mit Thermalwasser in beliebiger Temperaturhöhe, Heißluft- und Kohlensäurebäder.

Das Deckengemälde im Warteraum befindet sich heute im Stadtmuseum Bad Vöslau.

Der Marienpark bot viele Möglichkeiten, sich sportlich zu betätigen, wie das Bild um 1930 zeigt.

Damals wie auch heute gab es einen Sandplatz für Ballspiele im Marienpark.

Der „Untere Teich“ der Badeanstalt bot vor 1900 die Möglichkeit, im Winter Eis zu laufen. Es fanden auch immer wieder Kostümfeste statt – wie diese Fotografie vom Jänner 1889 zeigt.

Im unteren Schwimmbecken wurden häufig Sportveranstaltungen abgehalten. So richtete der Österreichische Schwimmverband am 17. Juni 1928 einen Schwimmwettkampf aus.

Das Thermalbad diente in den Dreißigerjahren auch als Filmkulisse, wie hier für eine unbekannte Produktion der Sascha-Filme.

Das Szenenfoto zeigt ein Wasserballett unter den „Schwedenduschen“.

Zu den illustren Gästen des Bäderdirektors Josef Podhorecky (Erster von rechts) zählten immer wieder Bürgermeister Rudolf Frimmel (Zweiter von links) und seine Frau Anna (Vierte von links).

Der Bäderdirektor Josef Podhorecky, in der Mitte sitzend mit Hut, umgeben vom Personal des Vöslauer Thermalbades vor den „Schwedenduschen". Die Aufnahme stammt aus den Dreißigerjahren.

3

Die Vöslauer Kammgarn-Fabrik

Eine Gesamtansicht des Firmenareals der 1833 von Johann Heinrich Freiherr von Geymüller gegründeten „K.u.k. Erste befugte Kammgarnfabrik". Geymüller war in den Jahren 1827 bis 1837 Besitzer der Herrschaft Vöslau. Nach dessen Konkurs wurde die Fabrik 1848 unter dem Namen „Actiengesellschaft der Vöslauer Kammgarnfabrik" neu gegründet. 1877 wurde das Werk Möllersdorf, eine ehemalige Baumwollspinnerei, dazu gekauft. Bis zur endgültigen Schließung 1979 war der Betrieb einer der größten Arbeitgeber der Region.

Die Kammgarnfabrik kaufte in unmittelbarer Nähe zum Werk Villen an, die sie den Direktoren als Wohnsitz zur Verfügung stellte. So auch die oben abgebildete Villa des Ehepaares Constantin und Anna Floquet in der heutigen Rudolf-Reiter-Straße. Das untere Bild zeigt eine Teilansicht der Kammgarnfabrik um die Jahrhundertwende.

Die Ansicht um 1900 zeigt Arbeiter und Arbeiterinnen vor dem Eingangstor der Kammgarnfabrik. Der kleine Laden auf der rechten Seite war die Verkaufshütte des Kaufmannes Ludwig Haad in der heutigen Hanuschgasse.

Mitte des 19. Jahrhunderts mussten alle Mitglieder einer Arbeiterfamilie zum Lebensunterhalt beitragen. Frauen und Kinder wurden in der Textilindustrie vor allem zu Hilfsdiensten an den Spinnmaschinen, in der Wollsortiererei, in der Spulerei, aber auch in der Färberei und Garnaufwicklerei beschäftigt. Die Kinder waren oft nicht älter als sechs Jahre und arbeiteten täglich zehn bis zwölf Stunden. Um 1900 war Kinderarbeit gesetzlich geregelt und es bestand die Möglichkeit, an verschiedenen Einrichtungen, wie Schülerwerkstätten, teilzunehmen.

Das ehemalige Direktionsgebäude der Kammgarnfabrik, heute wird dieser Trakt vom Gesundheitszentrum genutzt.

Die Innenansicht eines Direktionszimmers der Kammgarnfabrik.

Ein Blick in die Vorspinnerei. So wie auf dem Bild aus dem Werk Möllersdorf sahen auch die Betriebshallen in Bad Vöslau aus.

Das Foto zeigt den Arbeitsvorgang an einer Ringzwirnmaschine der Firma Hamel.

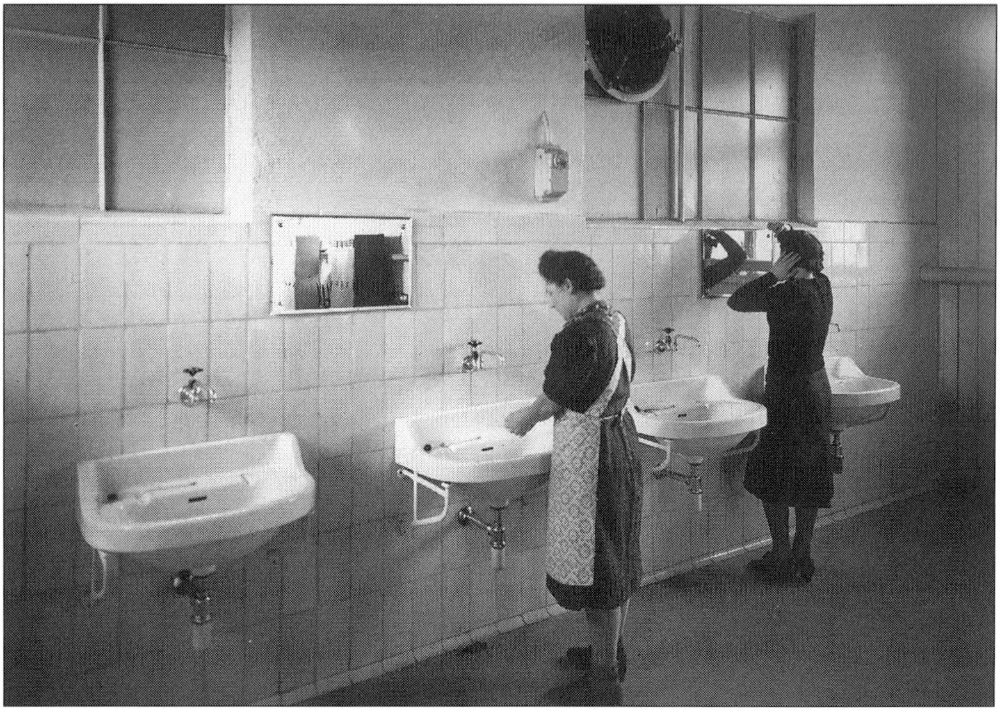

In den 1940er-Jahren arbeiteten kriegsbedingt mehr Frauen als Männer in der Kammgarnfabrik. Aus diesem Grund wurden die Sanitärräume erneuert und verbessert …

… ebenso die Umkleide- und Pausenräume der Arbeiterinnen.

In der Einlegerei wurden Spinncopse und Kreuzspulen für den Versand bereit gemacht.

Textilarbeiterinnen bei der Anfertigung von Musterkarten.

Im Inneren Magazin wurden Rohwollballen gelagert.

Die Kessel der Kraftanlagen mussten periodisch von Kesselarbeitern gereinigt werden.

Der Verkaufsraum der Wiener Kleiderstoff- und Tuchfabrik (WKT).

Der ehemalige Verkaufsraum des Vöslauer Handstrickgarns in der Zelinkagasse im 1. Bezirk in Wien.

Um 1850 waren in der Fabrik ca. 500 Arbeiter beschäftigt. Da im Ort kein Platz zur Unterbringung war, wurde mit dem Bau von Arbeiterwohnhäusern begonnen. 1880 war das 14. Gebäude fertig gestellt. Die Wohnungen bestanden aus je einem Zimmer und einer Küche. Für je zwei Wohnungen gab es einen Abort. Jede Wohnung war für eine siebenköpfige Familie gedacht.

Das Gebäude Castelligasse 3 war mit zwei Stockwerken das größte der Wohnbauten. Im Parterre und in den beiden Stockwerken befanden sich je sechs Zimmer-Küchenwohnungen und je zwei Aborte. Das Haus war unterkellert und mit einer Waschküche und zwei Backöfen ausgestattet.

1937 nahm der Werkskindergarten in der Falkstraße seinen Betrieb auf. Eine ehemalige Villa, in einem Garten gelegen, wurde als Kinderheim eingerichtet. Um sechs Uhr morgens wurden die zwei- bis achtjährigen Kinder von den Müttern gebracht und nachmittags um vier Uhr wieder abgeholt. Die Betreuung übernahmen eine Leiterin, eine Kindergärtnerin und vier Helferinnen. Heute ist die Villa in Privatbesitz.

Die Kinder erhielten sowohl Frühstück als auch Mittagessen im Kindergarten.

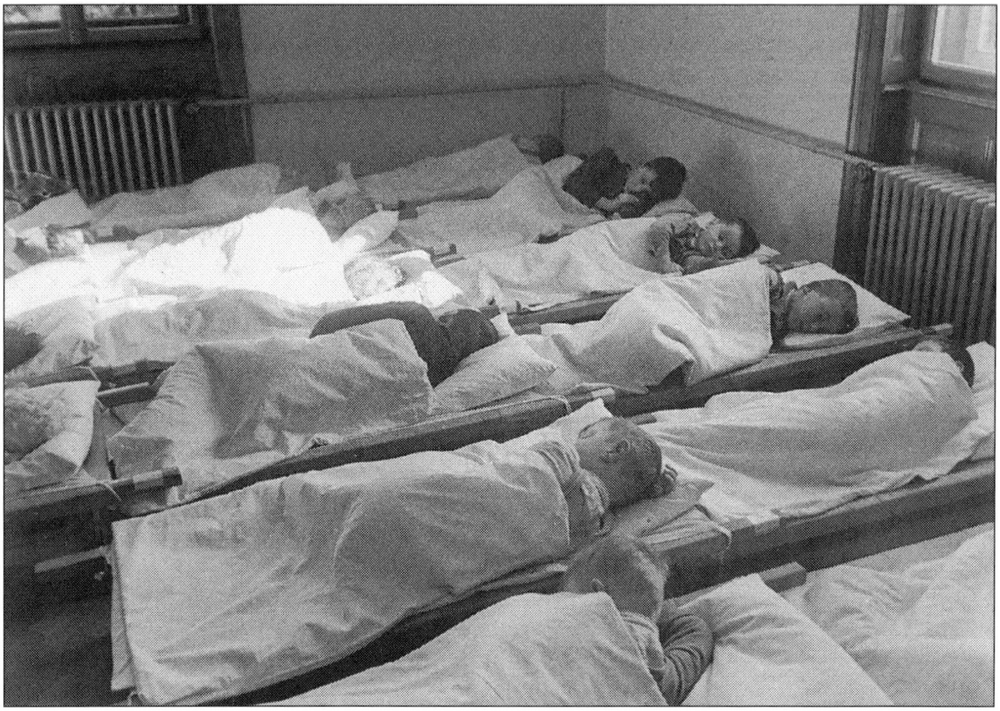

Für die Mittagsruhe gab es im Kindergarten eigene Schlafräume. Jedem Kind standen eine Liege, eine Bettdecke und ein Polster zur Verfügung.

Neben dem Kindergarten gab es ab 1940 auch eine Kinderkrippe.

„Der Osterhase war da“ – Ostereiersuche im Garten.

Eine Weihnachtsfeier im Werkskindergarten.

Im Jahre 1954 wurde Bad Vöslau – ohne jemals Marktgemeinde gewesen zu sein – zur Stadt erhoben. Die feierliche Übergabe der Urkunde fand im Festsaal der Kammgarnfabrik statt. Auf dem Foto sieht man Generaldirektor Dr. Franz Joseph Mayer-Gunthof und Bürgermeister Rudolf Frimmel bei der Ansprache.

Der feierliche Akt fand am 16. Mai 1954 im Beisein von Bundespräsident Theodor Körner, Leopold Figl, Bruno Kreisky und anderen Regierungsmitgliedern statt.

Im Rahmen der Stadterhebung gab es auch einen Festumzug, der an der Kammgarnfabrik vorbeiführte. Im Gebäude gegenüber der Hauptschule befand sich die Verkaufsstelle der WKT, die jedoch abgerissen wurde.

Die Kammgarnfabrik beteiligte sich mit zwei Wagen am Festumzug.

Im Jahre 1911 gründeten Arbeiterinnen und Arbeiter der Vöslauer Kammgarnfabrik die „Konsum-Anstalt Vöslau". Gründungsmitglieder waren, stehend von links, Fr. Schiemer, Fr. Schreiber, Fr. Niederhofer, o.A. und Fr. Wallisch sowie, sitzend von links, Hr. Kloska, Hr. Aust, Hr. Leis, Hr. Witzmann und Hr. Quint.

1884 wurde der „Gesangsverein der Textilarbeiter" als erster Arbeiterkulturverein Vöslaus gegründet. Heute besteht der Verein noch unter dem Namen „Männergesangsverein ASB Morgenrot Bad Vöslau".

Jahrelang galt das Unternehmen als Musterbeispiel für freiwillige Sozialleistungen, ebenso trat es auch als Kulturförderer auf. Davon zeugen viele Veranstaltungen wie Bälle und Weihnachtsfeiern. Für die musikalische Umrahmung sorgten verschiedene Musikgruppen, wie hier die Akkordeongruppe der Kammgarnfabrik.

Die Werkskapelle, hier beim Festumzug anlässlich der Stadterhebung.

Der „Arbeiter-Radfahrerverein“ am 1. Mai 1921 vor dem Vereinslokal „Gasthaus Bierbauer“, dem heutigen Möbel-Winter.

Fußball war schon immer ein beliebter Sport. So gründeten auch Vöslauer Arbeiter im Jahre 1919 einen Fußballclub, der früher SC und ATUS Vöslau hieß. Im Jahre 1967 kam es zur Fusion mit dem 1949 gegründeten SC Vöslau Fabrik.

Zu den sozialen Einrichtungen der Vöslauer Kammgarnfabrik gehörte auch das Vereinsleben. Besonderes Augenmerk wurde auf den Betriebssport, wie etwa das Stemmen, gelegt. Hier Walter Punda bei einem Wettkampf.

Zu den Sportangeboten gehörte auch die „Sektion Segelfliegen".

Im Rahmen der sozialen Leistungen gab es für Arbeiter und Angestellte kostenlose Erholungsaktionen. Das Foto zeigt eine Reisegruppe vor ihrer Abfahrt zur hundertsten „Erholung in Mönichkirchen“.

Anlässlich des Besuches des schwedischen Königs Gustaf VI. Adolf im April 1961 wurden die verdienten Mitarbeiter Franz Ziegler (erste Reihe, Zweiter von links), Kapellmeister der Werkskapelle, und der Werkmeister Karl Buchhart (erste Reihe, Vierter von links) mit der „Schwedischen Königmedaille in Gold“ ausgezeichnet.

Die Vöslauer Werkszeitschrift kündigte im April 1961 hohen Besuch an: „Seine Majestät König Gustaf VI. Adolf von Schweden wird, anlässlich seines Österreich-Besuches vom 25. bis 28. April, am 28. April um 9 Uhr in Begleitung unseres Herrn Bundespräsidenten in Bad Vöslau eintreffen und unser Werk besichtigen."

Bei der Festveranstaltung überreichten die Kinder Martina und Werni Blumen an den König.

König Gustaf VI. Adolf, Bundespräsident Adolf Schärf und Dr. Mayer-Gunthof bei der Fabrikbesichtigung. Hier sieht man sie auf dem Weg von der Rieter-Ringspinnmaschine in die Zwirnerei.

4

„Socialer Verkehr“ – gesellschaftliches Leben in Vöslau

Am 3. Juni 1906 fand eine Fahnenweihe des „Vöslauer Militär-Veteranen-Vereins ‚Erzherzog Otto‘“ statt. Fahnenjungfrauen trugen das Banner.

Die Fahnenmutter Wilhelmine Elisabeth Adler-Bieder im Fiaker vor dem Restaurant auf dem Harzberg.

Die Segnung der Fahne des „Vöslauer Militär-Veteranen-Vereins ‚Erzherzog Otto'".

Die Jubiläumswarte am Harzberg kurz nach ihrer Fertigstellung im Jahre 1898.

Aufbau der Holztribünen für die feierliche Eröffnung des Aussichtsturmes.

1936 feierte Vöslau sein „800 Jahre-Jubiläum" mit einem großen Festumzug. Die Geschichte des Ortes wurde in verschiedenen Themengruppen dargestellt – hier sieht man die Biedermeierzeit.

Ein Wagen des Festzuges mit Blumenmädchen vor der Delikatessenhandlung „Brüder Unger" in der Hochstraße 8. Im Jahre 1938 richtete die Volksbank Baden hier eine Filiale ein. 1965 entstand an dieser Stelle ein Neubau.

Beim Festumzug anlässlich des Stadtjubiläums zogen auch „Römer“ über die Hochstraße. Im Hintergrund sieht man die Gemischtwarenhandlung von Anna und Karl Pokorny, heute befindet sich darin eine Videothek.

Auch „exotische“ Elefanten zogen hinter einem Zirkuswagen durch Vöslau.

Anlässlich der Stadterhebung im Jahre 1954 besichtigte Bundespräsident Theodor Körner Werkswohnungen der Kammgarnfabrik.

Bruno Kreisky und Leopold Figl lauschen gespannt den Festrednern bei der Stadterhebungsfeier im Jahre 1954.

Einer von vielen Wagen, die am Festumzug 1954 teilnahmen. Die Gruppe stellt Conrad Poll, Besitzer der „Herrschaft Veselove“ und erster Wiener Bürgermeister in der zweiten Hälfte des 13. Jahrhunderts, mit Gefolge dar.

Drei „Badenixen“ in topmodischen Badeanzügen.

Am 15. April 1955 – einen Monat vor der Staatsvertragsunterzeichnung – landete die österreichische Regierungsdelegation aus Moskau kommend am Vöslauer Flughafen. Julius Raabs Rede auf dem Badplatz endete mit den Worten: „Bad Vöslau, die jüngste Stadt Österreichs, kann stolz darauf sein, dass ich von hier aus verkünde: Österreich wird frei!" Von links sieht man Julius Raab, Adolf Schärf, Oskar Helmer, Leopold Figl und Bruno Kreisky.

Auf diese freudige Nachricht wurde mit einem Gläschen „Vöslauer" angestoßen – hier Adolf Schärf und der Vöslauer Bürgermeister Rudolf Frimmel.

Ein Erinnerungsfoto an die 1. Vöslauer Weinkost 1914, aufgenommen vor dem Festsaal des „Hotel Zwierschütz“.

Die 2. Vöslauer Weinkost fand 1926 im Rahmen der Eröffnung des neu gebauten Bades statt. Die Ehrengäste, angeführt von Bundespräsident Michael Hainisch und Bürgermeister Frimmel, wurden feierlich empfangen.

1927 fassten die Gemeindeväter von Vöslau und Kottingbrunn den Beschluss, einen Flugplatz zu gründen, der ein Jahr später, am 12. August 1928, mit einer Flugschau eröffnet wurde. Unter anderen flog auch die Frau des Flugpioniers Eduard Kuhn (1893–1932). Dieser zählte zu den berühmtesten Kunstfliegern in Österreich. 1932 stürzte er durch Fremdverschulden über dem Gelände des Salzburger Flughafens tödlich ab.

„Geradezu atemberaubend waren die Darbietungen der Fallschirmpilotin Helly Tußmar aus München. Die 26jährige Dame flog mit den Piloten Kuhn zur Höhe und sprang dann mittels des Fallschirmes aus dem Flugzeug, die Pilotin landete mit dem großen roten Schirm sanft in einem nahen Kukuruzfeld. Tußmar hat damit ihren 54. Sprung aus schwindelnder Höhe ausgeführt.“ („Das neue Blatt“, Nr. 37, 1928)

Im Jahre 1945 wurde der Handballclub Bad Vöslau gegründet. Weil keine Halle vorhanden war – die nächste befand sich in Korneuburg –, wurde oft im Freien trainiert und gespielt. Um 1950 gehörten zur Mannschaft, stehend von links, Hietz, Heinz, Roth, Gräf, Theimer, Haininger und Zagler, hockend von links, Hrebejk, Scherz, o.A.

Ein freundschaftliches Fußballmatch Bäcker gegen Rauchfangkehrer in den Dreißigerjahren.

Am 12. Mai 1954, anlässlich der Stadterhebung, traten der ATUS Bad Vöslau und der SC Rapid Wien zu einem Freundschaftsspiel an. Hier sieht man Bürgermeister Frimmel bei der Wimpelübergabe mit Kapitän Leopold Gernhardt. Im Hintergrund, von links, der Trainer Josef Uridil, Körner II, Riegler und Probst.

Der Vöslauer Tormann O. Bauer bei einem „Rettungsversuch" eines Schusses von Alfred Körner. Rapid gewann das Freundschaftsspiel 5:1.

Der „M.G.V Sängerbund Vöslau“ im Jahre 1899. Heute kennt man ihn als „Arbeitersängerbund Morgenrot Bad Vöslau“.

Der „Männergesangsverein Gainfarn“ wurde im Jahre 1898 gegründet.

Das von 1912 stammende Bild zeigt den 1910 gegründeten „Männergesangsverein Großau".

Anton Reiniger, von 1893 bis 1945 in der Spinnerei der Kammgarnfabrik beschäftigt, leitete lange Jahre die beliebte „Tanzkapelle Reiniger".

Eine Laientheatergruppe aus Gainfarn bei einer Aufführung im Kloster der Dienerinnen des heiligsten Herzen Jesu, das im Jahre 1873 von Adolf Freiherrn von Brenner-Felsach als Kleinkinderbewahranstalt gestiftet wurde.

Vor dem Ersten Weltkrieg wurden die zur k.u.k. Armee einrückenden jungen Männer üblicherweise im Rahmen eines Weinlesefestes verabschiedet. Das Bild zeigt ein solches Fest im „Gasthaus Bierbauer“ in der Badnerstraße. Die Weinhüter trugen die „Kappen“ der Truppenteile, denen sie zugeteilt waren. Der „Gemeindesekretär“ mit Frack und Zylinder und der „Bürgermeister“ mit Pfeife sorgten mit lustigen Sprüchen und Spottversen für Stimmung.

Eine der wichtigsten Initiativen des Gemeinderates Dominik Brümmer (1831–1901) war die Gründung der Freiwilligen Feuerwehr Vöslau im Jahre 1865.

Fünf Jahre später – 1870 – wurde dann die FF Gainfarn gegründet.

Eine Versammlung des „Veteranen-Vereins Vöslau-Gainfarn-Grossau-Sooss“ um 1900.

Die Verabschiedung des Vöslauer Postenkommandanten Franz Kolbeck in den Ruhestand im Jahre 1934. Von links sieht man den Abteilungskommandanten Masiczek, Kolbeck und den Gainfarner Bürgermeister Franz Prendinger.

Eine Porträtaufnahme von Hilda, Alexander und Joachim Brenner-Felsach aus dem Jahre 1904.

Die Familie Brenner von Felsach war seit 1866 Besitzer der Herrschaft Merkenstein mit seinen Schlössern Gainfarn und Merkenstein. Joachim Freiherr Brenner von Felsach (1859–1927), ein bekannter Forschungsreisender, erbte 1883 von seinem Vater Adolf den Besitz. Das Foto zeigt ihn mit seiner Frau Maja (1860–1940), einer geborenen Gräfin Gallenberg, und zwei ihrer Kinder vor dem Schloss Gainfarn.

Das feierlich geschmückte Schloss anlässlich des Einzuges von Moritz und Käthe von Gutmann in Vöslau, die den Besitz im Jahre 1901 von August Graf Fries erwarben.

Käthe von Gutmann, rechts im Bild, mit Freundinnen im Schlosspark.

Ein Erinnerungsfoto der Familie Schlumberger an die Weinlese in Merkenstein im Jahre 1907.

Auch damals verkleideten sich Kinder gerne, wie diese Aufnahme eines privaten Faschingsfestes aus den Zwanzigerjahren zeigt.

Ein Gruppenfoto der Bediensteten der Zimmerei Alois Breyer in der Badnerstraße.

Die Rauchfangkehrermeister Ernst und Leo Wutzel vor ihrem Haus in der Rathausgasse.

Um die Jahrhundertwende war es Mode, sich in Fotoateliers mit Requisiten ablichten zu lassen. Der Vöslauer Feigenkaffeebrenner Michael Schuch entschied sich im „Atelier Helios“ für das damals populäre Hochrad.

Die Heimat entdecken!

Von Kiel bis Wien,
von Aachen bis Görlitz:
Entdecken Sie Alltagsgeschichten
aus Ihrer Heimatstadt!

Leben in der Großstadt …

Tauchen Sie ein in das quirlige Großstadtleben vergangener Tage. Spazieren Sie über breite Boulevards und stürzen Sie sich ins Nachtleben. Erkunden Sie ihre Stadt durch die Fensterscheiben einer Straßenbahn oder des ersten Käfers und bewundern Sie prächtig geschmückte Schaufenster.

Erinnerungen an die Schulzeit …

Erinnern Sie sich noch an die Zeiten von Abakus und Schiefertafel, an Klassenausflüge oder den ersten Taschenrechner? Blicken Sie zurück auf große Klassen und gestrenge Schulmeister, entdecken Sie auf Klassenfotos Freunde und Bekannte von früher!

Gesellige Stunden im Verein …

Fußballclub und Schützenverein, Musikkapelle und Gesellenverein: Schauen Sie zurück auf Volksfeste und Turniere, Chorproben oder Prunksitzungen. Erinnern Sie sich an schöne Stunden und das gesellschaftliche Leben in Ihrer Heimat.

MIX
Papier | Fördert gute Waldnutzung
FSC® C083411

Zeitfracht Medien GmbH
Ferdinand-Jühlke-Straße 7
99095 Erfurt, Deutschland
produktsicherheit@kolibri360.de

Druck:
CPI Druckdienstleistungen GmbH
im Auftrag der
Zeitfracht Medien GmbH
Ein Unternehmen der Zeitfracht - Gruppe
Ferdinand-Jühlke-Str. 7
99095 Erfurt